SpotZ der Frenchie™

Er ist ein ungezogenes Hündchen ...

Kiara Shankar
Vinay Shankar

Copyright © 2022 by Vinay Shankar. All rights reserved. Published by VIKI Publishing®, San Francisco, California, USA. No part of this publication may be reproduced, distributed, or transmitted in any form or by any means, including photocopying, recording, or other electronic or mechanical methods whatsoever, without the prior written permission of the publisher. Except in the case of brief quotations embodied in critical reviews and certain other noncommercial uses permitted by copyright law.

Library of Congress Control Number: 2022912600

ISBN (English Edition):
978-1-950263-80-6 (eBook)
978-1-950263-81-3 (Paperback)
978-1-950263-82-0 (Hardcover)

ISBN (German Edition):
978-1-950263-85-1 (eBook)
978-1-950263-86-8 (Paperback)

First Edition: Aug 2022. Published by VIKI Publishing®, San Francisco, California, USA.

Authors:

Kiara Shankar & Vinay Shankar

VIKI Publishing®

www.vikipublishing.com

Auch von Kiara Shankar und Vinay Shankar

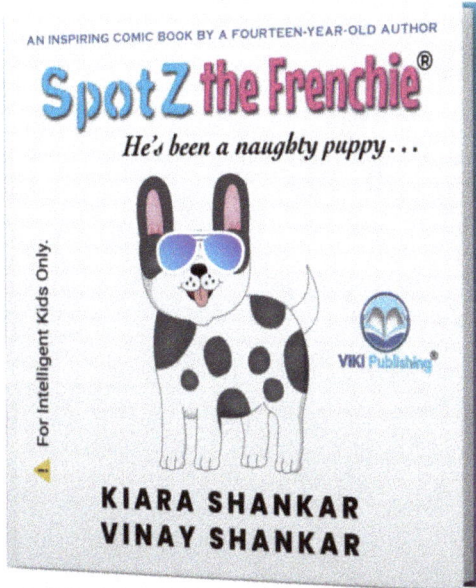
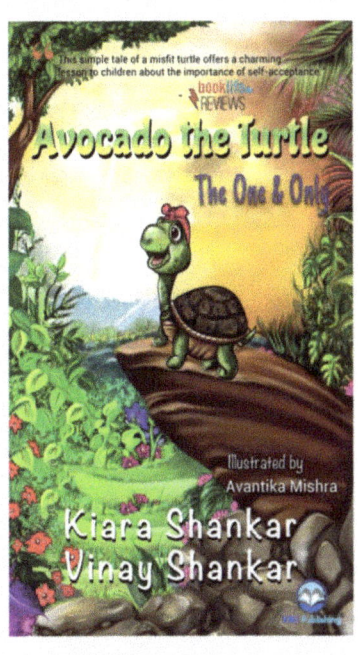

Inhaltsverzeichnis:

- Einleitung
- SpotZs Anleitung zum Spaß haben, wenn Herrchen und Frauchen nicht da sind
- SpotZs Anleitung für Spaß auf Autofahrten
- SpotZs Anleitung für Spaß im Einkaufszentrum
- SpotZs Anleitung zum Babysitten
- Lass uns die Gefühle von Hunden verstehen
- Fährst du bald in den Urlaub?
- Verhaltensregeln in der Schule
- Hast du Hunger? Gönn dir etwas!
- Machen wir unsere Welt friedlicher!
- Bist du in der Schule sehr nervös? Ich möchte dir helfen!
- Feiern wir gemeinsam Weihnachten, Cinco de Mayo, Ramadan, Diwali, Kwanzaa und andere Feste
- Reich & arm? Ich sehe keinen Unterschied
- Du suchst nach der perfekten Sonnenbrille, die gut zu dir passt? Keine Sorge, ich weiß genau, was du brauchst
- Ich spiele heute den Lehrer. Wuff ... wuff ... wie aufregend!
- Lass uns das Thema wechseln – ich bringe dir etwas Schlaues bei
- Wie sieht ein perfekter Tag für dich aus? So wäre meiner
- SpotZs Ziele! Hast du auch so eine Liste?
- SpotZs Anleitung zur Bekämpfung des Coronavirus
- SpotZs Tipps zum Erreichen deiner Ziele
- Diese Lebensweisheiten disziplinieren dich mit Sicherheit, das kann ich dir sagen!
- Kreativität lässt dich glänzen!
- SpotZs Warnungen
- SpotZs Backtipps
- Zeit für Yoga
- Spielen wir mit einem Daumenkino!
- HALBZEITSHOW: Who Let the SpotZ Out?
- So zeichnest du SpotZ in 12 ganz einfachen Schritten!
- Alles über SpotZ
- Über die Autorin

Mein Name ist SpotZ der Frenchie. Ich wurde in einem abgeschiedenen Dorf in Südfrankreich geboren. Dann wurde ich von einem hundebegeisterten Mädchen, Kiara, und ihrem Vater Vinay adoptiert. Ich nenne sie nicht meine Eltern, sondern meine besten Freunde. Mit diesen besten Freunden lebe ich jetzt in einer Kleinstadt in der Nähe von San Francisco in Kalifornien in den USA.

Jeden Tag genieße ich mein Leben, indem ich Bücher lese, mit meinen Freunden spiele, leckeres Essen esse und jeden Abend einen Spaziergang im „Bark and Ride"-Park mache. In meiner Freizeit schreibe ich Bücher.

Ja, richtig gehört! Ich schreibe Bücher, um mein vieles Wissen mit allen Kindern und Hundebegeisterten da draußen zu teilen. Ich mache auch Musik. Wufftastisch, oder?

Du kannst mir auf Instagram folgen: @spotz.theFrenchie

Hör dir meine Musik auf Spotify, Amazon Music, Apple Music, YouTube, und mehr an! Jetzt habe ich aber genug gequatscht.

Ich lasse dich jetzt mein Buch lesen ...

Ich muss los und im Park bellen. Bis später!

SpotZs Anleitung zum Spaß haben, wenn Herrchen und Frauchen nicht da sind

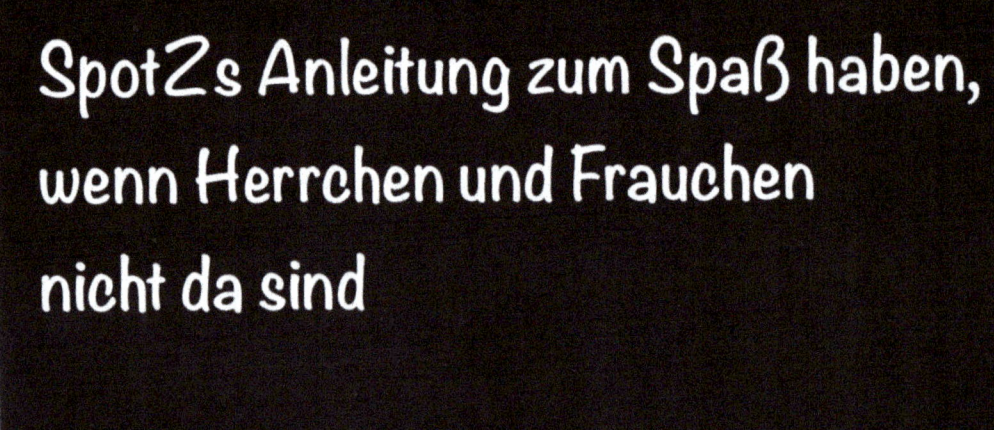

Plündere ungesundes Essen aus dem Kühlschrank.

Ziehe die Kleidung deines Herrchens oder Frauchens an.

Erfrische dich in der Toilettenschüssel.

Spring auf dem Bett herum, bis du müde bist.

Spotzs Anleitung für Spaß auf Autofahrten

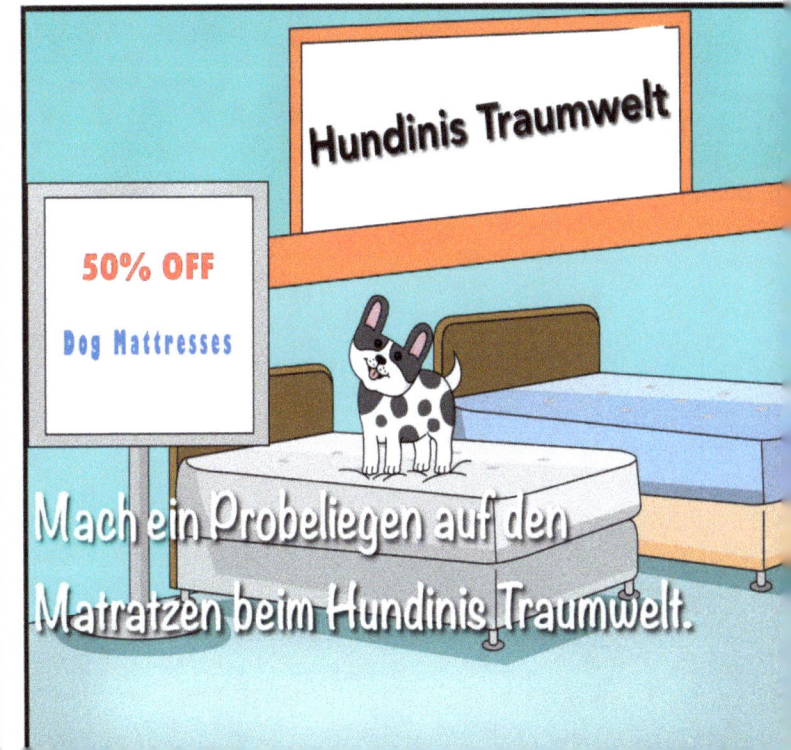

Verhaltensregeln in der Schule

DRUGS & GUNS STORE
Gute Arbeit!
verbieten
BAN!
Gute Arbeit!
Lasst uns Drogen & Waffen verbieten, damit die Welt sicherer wird.
North Korea
Kommt schon Leute, lasst uns Freunde sein!
South Korea
DMZ
Vereinigen wir uns endgültig!

Bist du in der Schule sehr nervös? Ich möchte dir helfen!

Feiern wir gemeinsam Weihnachten, Cinco de Mayo, Ramadan, Diwali, Kwanzaa und andere Feste

Reich & arm? Ich sehe keinen Unterschied

Du suchst nach der perfekten Sonnenbrille, die gut zu dir passt? Keine Sorge, ich weiß genau, was du brauchst.

NERDIG:
Wenn du intellektuell aussehen willst!

MODE-DIVA:
Wenn du wie ein Promi aussehen willst.

GRUSELIGER ZOMBIE:
Wenn du Katzen verscheuchen willst.

OMA:
Wenn du wie eine Seniorin aussehen willst ... na ja, wie deine Oma eben!

Ich spiele heute den Lehrer.
Wuff ... wuff ... wie aufregend!

Panel 1:

Tafel: EINE SCHULE IST EIN NEBEL, IN DEM STERNE ENTSTEHEN.

Gedanke (Mädchen 1): Hmm ... sieht so aus.

Sprechblase (Mädchen 2): Schläft er, während wir so hart arbeiten?

Bildunterschrift: Mach ein Nickerchen, während die Schüler ihre Aufgaben machen.

Panel 2:

Tafel: ZEIT FÜR EIN RÄTSEL!
Q: Was ist ein Keks unter einem Baum?

A: Ein schattiges Plätzchen. LOL!

Bildunterschrift: Bringe deinen Schülern ein Rätsel bei.

Kommen wir wieder zu lustigen Dingen

Wie sieht ein perfekter Tag für dich aus?
So wäre meiner

Frühstück im Bett

DAS SPA FÜR HUNDE

Den ganzen Tag am Bauch gestreichelt werden!

Spot2s Anleitung zur Bekämpfung des Coronavirus

Spot2s Tipps zum Erreichen deiner Ziele

Oh My Dog!

Beverly Hills HUNDEBETREUUNG

Wer hat die Hunde freigelassen?

WUFF...

WUFF...

Who Let the Dogs Out?

Diese Lebensweisheiten disziplinieren dich mit Sicherheit, das kann ich dir sagen!

Oh nein!

KAMPF oder FLUCHT: Bei Katzen solltest du dich immer für die Flucht entscheiden!

Das Leben kann manchmal schwer sein, aber I DONUT care!

SpotZ the Frenchie®

Kreativität lässt dich glänzen!

SpotZs Backtipps

Eichhörnchen verscheuchen

Zeit zum Tanzen

Spaziergang durch die Jahreszeiten

Right Thumb here

Eichhörnchen verscheuchen

Zeit zum Tanzen

Spaziergang durch die Jahreszeiten

SpotZ der Frenchie™

So zeichnest du SpotZ in 12 ganz einfachen Schritten!

   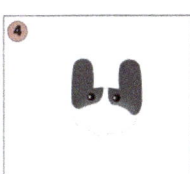

Coming Soon

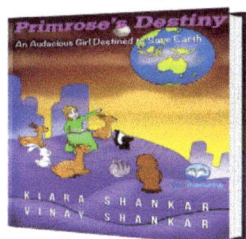 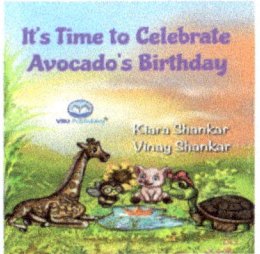

Learn more at: www.vikipublishing.com

Alles über SpotZ

Lieblingsessen: Fast Food

Lieblingssport: Stöckchen holen

Lieblingsgetränk: SpotZiccino

Geburtstag: 16. März 2019

Lieblingstier: HUND!

Lieblingsbuch: SpotZ der frenchie – Er ist ein ungezogenes Hündchen... Kiara Shankar, Vinay Shankar

Beste Freunde: Kiara Shankar und Vinay Shankar

Was möchte ich mal werden?: Astronaut, Lebensberater, Autor, Sänger etc.

Lieblingsfarbe: Blau

Lieblingspark: Bark & Ride

Lieblingsfilm: Who Let the SpotZ Out?

Über die Autoren

Kiara Shankar ist eine talentierte vierzehnjährige Autorin/Songwriterin aus San Francisco, Kalifornien, USA. Neben dem Schreiben von Büchern und Liedern liebt sie Lesen und Kunst. Ihre aktuellen Bücher, Primrose's Curse und Avocado the Turtle wurden in vierzehn verschiedenen Sprachen veröffentlicht, darunter Englisch, Spanisch, Deutsch, Italienisch, Französisch, Chinesisch, Hindi, Tamil, Kannada und weitere.

Vinay Shankar ist ein Software-Experte, den die Idee seiner Tochter, Bücher und Lieder zu schreiben, so inspirierte, dass er beschloss, mit ihr gemeinsam zu schreiben. Die Zusammenarbeit des Duos erweckt großartige Ideen zum Leben! Die Pop-Hits aus der Feder des Vater-Tochter-Duos – gesungen von den SängerInnen Primrose Fernetise, Francesca Shankar, Vin Cooper, Marla Malvins und SpotZ The Frenchie – sind jetzt auf Spotify, Apple Music, YouTube Music, Amazon Music, Deezer und weiteren digitalen Musik-Streaming-Plattformen zu hören.

Für weitere Details besuchen Sie die Website des Verlags: www.vikipublishing.com

A place where ideas become reality!

Books | Music | Games | Branded Merchandise

www.ingramcontent.com/pod-product-compliance
Lightning Source LLC
Chambersburg PA
CBHW051359110526
44592CB00023B/2892